Escalar y saltar

Lisa Greathouse

Escalar y saltar

Asesores en ciencias

Scot Oschman, Ph.D.

David W. Schroeder, M.S.

Créditos

Dona Herweck Rice, *Gerente de redacción*; Lee Aucoin, *Directora creativa*; Timothy J. Bradley, *Responsable de ilustraciones*; Conni Medina, M.A.Ed., *Directora editorial*; James Anderson, Katie Das, Torrey Maloof, *Editores asociados*; Rachelle Cracchiolo, M.S.Ed., *Editora comercial*

Teacher Created Materials

5301 Oceanus Drive
Huntington Beach, CA 92649-1030
http://www.tcmpub.com
ISBN 978-1-4333-2146-7
©2010 Teacher Created Materials, Inc.

La ciencia de escalar y saltar

Existen muchos deportes extremos, como el surf o el snowboard, ¡pero posiblemente los más extremos de todos sean saltar de aviones o escalar montañas empinadas!

Saltar y escalar son deportes populares en todo el mundo. Muchas personas hacen duros entrenamientos todos los años para poder escalar las montañas más altas. El paracaidismo es un deporte en pleno crecimiento. Algunas personas pagan mucho dinero por saltar desde un avión. ¡Mirar las olimpiadas también convirtió a los "clavados" en algo muy popular!

Pero, ¿qué es lo que impide que el escalador se caiga de la montaña? ¿Qué desacelera el paracaídas en un salto? ¿Cómo hace el cuerpo de un clavadista profesional para cortar el agua casi sin salpicar? ¡En estos deportes hay mucha ciencia en movimiento!

Es una buena idea ir a escalar con un amigo por una cuestión de seguridad. Además, ¡alguien tiene que tomar las fotografías!

La historia de los clavados

Cuando piensas en zambullirte en una piscina, es posible que también pienses en nadar. Pero los clavados en realidad tienen más cosas en común con la gimnasia que con la natación. Los clavados se convirtieron en un deporte hace mucho tiempo, cuando los gimnastas comenzaron a practicar sus volteretas sobre el agua. Este deporte se incorporó a los Juegos Olímpicos en 1904.

Greta Johansson, ganadora de la medalla de oro en clavados en las olimpiadas de 1912.

¡Salta!

Subes la escalera hasta el **trampolín** y caminas hasta el final del mismo lentamente. Respiras hondo. No estás a mucho más de un metro (3 pies) del piso, pero parece que el agua está muy lejos. Elevas los brazos estirados por encima de la cabeza. Cuando flexionas las rodillas, tus movimientos hacen que el trampolín vaya hacia arriba y hacia abajo. Con la barbilla pegada al pecho, te impulsas fuera de la tabla con los pies y te tiras al agua de cabeza. Tus dedos son los primeros en entrar en la piscina, y el resto de tu cuerpo entra después de ellos.

¡Zambullirte es divertido! ¡Vuelves a salir de la piscina para poder saltar otra vez! Pero los clavados son algo más que un deporte divertido. En él, hay muchas fuerzas en acción.

El clavadista más joven

A los ocho años, Thomas Daley, de Inglaterra, comenzó a practicar clavados porque le parecía divertido. A los diez años, ganó el campeonato británico de clavados para clavadistas menores de dieciocho años. A los trece, ganó el campeonato europeo. A los catorce, ¡se convirtió en el participante más joven de las olimpiadas 2008!

Un duro golpe

Desde una plataforma que se encuentra a 10 metros (unos 33 pies) por encima del agua, los clavadistas olímpicos caen en picada a unos 64 kilómetros (40 millas) por hora. Si entran mal al agua, pueden sufrir esguinces en los dedos de las manos y los pies.

Mai Nakagawa y Misako Yamashito, de Japón, compiten en la categoría de clavados sincronizados en las olimpiadas 2008.

Las líneas de puntos amarillas indican la fuerza. La niña empuja con las piernas hacia arriba y hacia afuera para zambullirse.

Las leyes del movimiento

¿Qué sucede cuando saltas desde un trampolín? Tu cuerpo está en **movimiento**. El movimiento implica cómo, dónde y por qué algo se mueve. Pero tu cuerpo no se mueve por sí solo. Hay una **fuerza** que lo hace mover. Una fuerza es un empujón o una atracción que causa movimiento. Cuando te zambulles, la fuerza de los músculos de tus piernas te impulsa hacia afuera del trampolín—¡a menos que alguien te empuje desde atrás!

Isaac Newton

La primera ley de Newton

Existen tres leyes que hablan sobre el movimiento, las que se basan en el trabajo de Isaac Newton. La primera ley dice que un objeto seguirá haciendo lo que esté haciendo a menos que una fuerza actúe sobre él. Entonces, si un objeto no está en movimiento se quedará donde está, a menos que una fuerza lo ponga en movimiento. Esto también significa que un objeto en movimiento se seguirá moviendo en el mismo sentido a menos que una fuerza lo haga detenerse o cambiar de dirección.

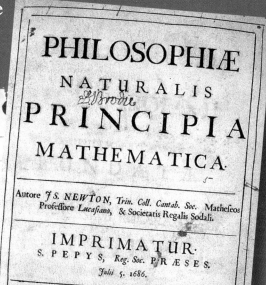

El libro de Newton

Isaac Newton escribió sobre las leyes del movimiento en su libro, el *Principia*. En esta obra, también explicó cómo funciona el universo.

PHILOSOPHIÆ

NATURALIS

A Brodie

PRINCIPIA

MATHEMATICA

Autore J.S. NEWTON, Trin. Coll. Cantab. Soc. Matheseos Professore Lucasiano, & Societatis Regalis Sodali.

IMPRIMATUR.

S. PEPYS, Reg. Soc. PRÆSES.

Julii 5. 1686.

La segunda ley de Newton

La segunda ley de Newton dice que cuando una fuerza actúa sobre un objeto, ese objeto se moverá más rápido o más lentamente. Esto se denomina **aceleración**. Cuanto mayor sea la fuerza, más aumentará o disminuirá la velocidad del objeto. Esto quiere decir que, cuanto más fuerte patees el balón, más rápido recorrerá el campo de juego. Además, cuanta más **masa** tiene un objeto, más fuerza se necesita para moverlo. Por eso, hace falta más fuerza para tirar una bola de boliche que para arrojar una pelota de béisbol.

La tercera ley de Newton

La tercera ley dice que por cada fuerza hay una reacción. La reacción es igual a la fuerza, pero opuesta. Esto significa que siempre que un objeto empuje a otro objeto, el primero recibirá un empujón con la misma fuerza. Cuando saltas desde el borde de un trampolín, ¡el trampolín también te empuja a ti!

Cae lejos, aterriza con fuerza

Imagina que tú y un amigo se zambullen en una piscina a la vez, desde trampolines que se encuentran a la misma altura. Los dos golpearán el agua al mismo tiempo, aunque tu amigo sea más grande que tú. La velocidad a la que caigan será exactamente la misma. Pero si tu amigo salta desde un trampolín más alto, caerá a una velocidad mayor que la tuya. Cuanto más alto que estés, más rápido acelerará tu cuerpo en el aire.

¿Qué leyes del movimiento se aplican en esta actividad?

Todo lo que sube...

La **gravedad** es la fuerza principal en juego cuando saltas desde un trampolín. La gravedad es la fuerza que atrae todo hacia la Tierra, la fuerza que nos mantiene sobre ella. Es la gravedad la que atrae al clavadista hacia el agua. Isaac Newton se dio cuenta de que la gravedad también es lo que hace que los planetas giren alrededor del Sol.

Paracaidismo

Los clavadistas que saltan desde trampolines muy altos son arriesgados, ¡pero es posible que los paracaidistas sean más osados aún! Saltan desde aviones que vuelan a 3,000 metros (unos 10,000 pies) de altura. La gravedad es la fuerza principal en juego cuando saltas con paracaídas.

Cuando un paracaidista salta, acelera muy rápido: alcanza una velocidad de aproximadamente 190 kilómetros (120 millas) por hora—¡hacia abajo!—en menos de diez segundos. La velocidad del paracaidista aumenta segundo a segundo. Pero cuanto más rápido cae, algo disminuye su velocidad. ¡El aire! La **resistencia del aire** es una fuerza que tiene lugar cuando un objeto se desplaza a través del aire. Se debe a que, al moverse, el objeto debe empujar el aire fuera de su camino.

Caída libre

Los paracaidistas suelen esperar entre 40 y 60 segundos antes de abrir los paracaídas. A esto se lo llama *caída libre*. Les da a los paracaidistas la sensación de estar volando—¡y la mejor vista de sus vidas! Cuando se abre el paracaídas, el tranquilo paseo hasta el suelo toma entre 4 y 10 minutos.

l paracaídas de Leonardo

paracaidismo tiene una larga historia.
eonardo da Vinci dibujó algunos bocetos
e paracaídas hace más de 500 años.

Salto presidencial

¡En 1999, el ex presidente George H.W. Bush celebró su septuagésimo quinto cumpleaños con un salto en paracaídas!

Un grupo de cuatrocientos paracaidistas de 31 naciones diferentes establecieron en 2006 el récord mundial para el mayor salto grupal en formación conectada.

Estilos de caída

Los paracaidistas pueden hacer algunas cosas para disminuir o aumentar su velocidad. Quien salte con brazos y piernas extendidos hacia afuera caerá más lentamente que quien salte de cabeza o con los pies hacia adelante. Esto se debe a que en la persona que tiene los brazos y piernas extendidos, más partes del cuerpo empujan el aire.

¿Qué sucede cuando el paracaidista abre el paracaídas? Primero, verás que el deportista va hacia arriba en lugar de hacia abajo. Esto se debe a que, al comienzo, la resistencia del aire es más fuerte aun que la gravedad! Pero al final la gravedad gana, y el paracaidista flota lentamente hasta llegar al piso.

Salto tándem

El salto **tándem** es la manera en la que salta la mayoría de las personas por primera vez. En estos saltos, estás sujetado a un instructor y ambos saltan juntos con un mismo paracaídas. No requiere de tanto entrenamiento como saltar solo, y la sensación de volar es la misma.

El salto perfecto

Cuando se zambullen en una pileta, los cuerpos de los mejores clavadistas parecen dibujar líneas rectas en el camino. De esa manera, no se encuentran con mucha resistencia del aire. Ni siquiera salpican demasiado. Sólo las manos entran al agua, las que hacen un túnel para que las siga el resto del cuerpo.

Pero si saltas de un trampolín con brazos y piernas extendidos hacia los lados, no caerás tan rápido. Eso se debe a que todas las partes de tu cuerpo se encuentran con la resistencia del aire. ¡Además, así caerás en la piscina de barriga!

Estrella olímpica

Se considera que Greg Louganis es uno de los mejores clavadistas de todos los tiempos. Ganó su primera medalla olímpica en 197 cuando apenas tenía dieciséis añ En la década de los ochenta, ganó cuatro medallas de oro. Es séxtup campeón mundial y obtuvo 47 títul nacionales para los Estados Unidos

Trajes de velocidad

La ropa que visten los saltadores puede aumentar o disminuir su velocidad. Los clavadistas olímpicos visten bañadores especiales que se sienten como si fueran una segunda piel. Éstos reducen la resistencia a través del aire y en el agua. Algunos paracaidistas usan una prenda llamada traje de alas. Este traje tiene tela entre las piernas y los brazos, lo que crea una especie de ala. ¡Con él, los paracaidistas realmente sienten que están volando!

Paracaidistas de estilo libre demuestran sus habilidades.

Saltos deslumbrantes

Saltar desde un avión o zambullirse desde un trampolín alto puede ser suficientemente emocionante para algunas personas. Pero otros quieren algo más. ¡Quieren agregarle brillo a sus saltos! Algunos clavadistas expertos hacen piruetas en las que llevan las rodillas al pecho, dan giros y hasta dan vueltas hacia atrás.

Algunos paracaidistas también hacen acrobacias antes de abrir el paracaídas. Esto recibe el nombre de estilo libre. Dan vueltas, se encogen, giran y hacen tirabuzones. ¡Algunos incluso sincronizan sus movimientos con los de otro paracaidista!

Los peligros de zambullirse

Zambullirse puede ser peligroso. Todos los años, miles de niños se lastiman en accidentes relacionados con los clavados. Siempre debes saber qué tan profunda es el agua antes de saltar. Si el agua es poco profunda, puedes golpear el fondo de la piscina y lastimarte mucho.

Ciencia fricción

La gravedad siempre está activa para mantenernos con los pies en la tierra. Entonces, ¿cómo es que podemos escalar montañas? Podemos encontrar la respuesta en otra fuerza: la **fricción**. La fricción es una fuerza que tiene lugar entre dos superficies que se frotan mutuamente. La fricción disminuye la velocidad de objetos en movimiento. ¿Alguna vez echaste agua en una resbaladilla para ir más rápido? Lo que sucede en ese caso es que el agua corta la fricción entre la resbaladilla y tú.

Lo que evita que el escalador se resbale o caiga es la fricción entre la roca y sus manos. Cada vez que un escalador se agarra a la roca, la fricción lo ayuda a sostenerse. Además, estos deportistas utilizan calzado con suela de goma, lo que les da aún más fricción para adherirse a la roca.

Escalada en frío

Las mejores estaciones para escalar son el otoño y el invierno. Esto se debe a que, cuando la roca está fría, es más fácil agarrarse de ella. Cuando la roca está caliente, puede ponerse resbalosa y por ende también hay menos fricción. Pero también hay personas a quienes les gusta escalar en roca cubierta de hielo y nieve. ¡Ésa sí que es una roca resbalosa!

La función de la gravedad

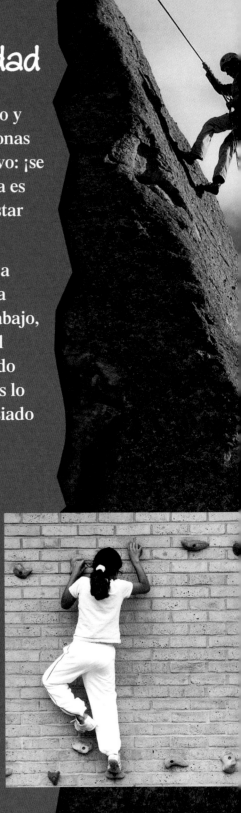

La escalada puede ser un deporte peligroso. Requiere mucho entrenamiento y equipo. Entonces, ¿por qué algunas personas escalan en roca o montaña? Por un motivo: ¡se siente magnífico llegar a la cima! La vista es hermosa, y es una excelente manera de estar cerca de la naturaleza.

Pero, ¿qué sucede una vez que llegas a la cima? En el ascenso, el escalador lucha contra la gravedad. En el camino hacia abajo, la fuerza de gravedad trabaja junto con el escalador. La fricción sigue desempeñando una función importante al bajar, ya que es lo que impide que el deportista caiga demasiado rápido y se lastime.

Ésta es la razón por la que muchos escaladores utilizan un arnés sujeto mediante cuerdas de seguridad. En el ascenso, las cuerdas sostienen al escalador si resbala y cae. La cuerda puede estar sujeta a una roca, un árbol o a otro escalador. Cuando hay una pendiente o un acantilado muy empinado, a veces los escaladores descienden a **rapel**. En esta modalidad, las cuerdas se encuentran sujetas a un arnés, lo que le permite al escalador descender de manera lenta y segura.

La mayor escalada

Muchos alpinistas sueñan con escalar el monte Everest. Con 8,848 metros (29,029 pies) de altura, es la montaña más alta del mundo. Se encuentra en la frontera entre Nepal y Tíbet. Los primeros en tener un ascenso exitoso fueron Sir Edmund Hillary y Tenzing Norgay en 1953. En la actualidad, 2,500 alpinistas alcanzan la cima todos los años.

Escalar en muro es una forma fácil y divertida de practicar las habilidades para este deporte.

Los efectos de escalar

Algunas personas escalan peñascos y montañas para estar cerca de la naturaleza. Pero hay quienes piensan que, en realidad, ese deporte daña los espacios naturales.

Muchos escaladores tienen una regla: no dejar rastros. Eso significa dejar el camino en la misma condición en la que se lo encontró. Pero escalar puede causar daño a plantas y nidos. También puede llevar a la erosión de la roca y el suelo. Algunos deportistas hasta dejan basura.

En algunas regiones se intentó detener la práctica de este deporte. El servicio de parques nacionales de los Estados Unidos limitó la escalada en algunos lugares muy populares, como el monumento nacional Devil's Tower (la torre del diablo) en Wyoming.

Monumento nacional Devil's Tower (la torre del diablo)

Ubicación de la cordillera del Himalaya en un mapa

Las 10 montañas más altas del mundo

Puesto	Montaña	Cordillera	País	Metros/pies
1.	Everest	Himalaya	Nepal/Tibet	8,850/29,035
2.	K2 (monte Godwin Austen)	Karakoram	Pakistán/China	8,611/ 8,250
3.	Kangchenjunja	Himalaya	India/Nepal	8,586/28,169
4.	Lhotse	Himalaya	Nepal/Tibet	8,516/27,940
5.	Makalu	Himalaya	Nepal/Tibet	8,463/27,766
6.	Cho Oyu	Himalaya	Nepal/Tibet	8,201/26,906
7.	Dhaulagiri	Himalaya	Nepal	8,167/26,795
8.	Manaslu	Himalaya	Nepal	8,163/26,781
9.	Nanga Parbat	Himalaya	Pakistán	8,126/26,660
10.	Annapurna	Himalaya	Nepal	8,091/26,545

¿Qué tan extremo eres?

¿Quieres saltar en paracaídas, escalar una montaña empinada o zambullirte en una piscina desde un trampolín alto? A algunas personas les encantan las aventuras como éstas: disfrutan de sus peligros y emociones y están dispuestas a tomar riesgos a cambio de un poco de diversión. Otras personas piensan que no vale la pena tomar esos riesgos por el peligro que implican. Algunas personas le temen demasiado a las alturas para saltar en picada.

Los expertos dicen que esto depende de la personalidad. Algunas personas **prosperan** en situaciones de peligro y tienen un mejor rendimiento bajo estrés. Otras se quedan inmóviles o sufren pánico en situaciones que suponen un riesgo para la vida. En esos casos, prefieren ser espectadores.

Tú, ¿qué clase de persona eres?

El factor miedo

Existen términos para describir prácticamente todos los miedos que se te ocurran. Aquí hay algunos miedos comunes.

Nombre	Miedo
acluofobia	miedo a la oscuridad
acrofobia	miedo a las alturas
agorafobia	miedo a estar en lugares públicos
algofobia	miedo al dolor
apifobia	miedo a las abejas
astrafobia	miedo a los truenos y relámpagos
claustrofobia	miedo a los espacios cerrados
demofobia	miedo a las multitudes
dentofobia	miedo a ir al dentista
hematofobia	miedo a la presencia de sangre
ofidiofobia	miedo a las serpientes
triskaidekaphobia	miedo al número 13

Los practicantes de snowboard enceran la base de sus tablas para reducir la fricción y ayudar a las tablas a cobrar velocidad. ¿Qué otra cosa podría hacer cambiar la velocidad de una tabla de snowboard o una patineta?

Materiales

- trozo de cartón rígido de al menos 45 cm x 30 cm (18 pulgadas por 12 pulgadas)
- bloques o libros
- cinco tiras alisadas de papel de aluminio o papel encerado de 30 cm x 5 cm (12 pulgadas por 2 pulgadas) cada una
- cinta adhesiva
- ventilador pequeño
- 120 ml de agua (1/2 taza)
- 15 ml de mantequilla (1 cucharadita)
- 15 ml de almidón de maíz (1 cucharadita)
- sal
- escuadra de carpintero para medir el ángulo de la pendiente
- fichas redondas
- bandera o silbato

Procedimiento:

1. Pega, por el lado angosto, cada tira de papel encerado o de aluminio con cinta adhesiva al borde superior del cartón. Coloca las tiras con una separación mínima de cinco centímetros (2 pulgadas) entre sí.

2. Salpica la primera tira con agua. Salpica la segunda con agua y sal. En la tercera, extiende almidón de maíz. En la cuarta tira, unta una capa delgada de mantequilla. Por último, coloca el ventilador para que sople sobre la quinta tira.

3. Apoya el cartón sobre los libros o bloques a 45 grados para crear una pendiente. Pega el otro extremo del cartón con cinta adhesiva al piso para darle estabilidad.

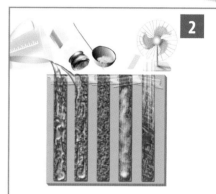

4. Dividan la clase en cinco equipos. Cada equipo debe tener una ficha y una tira asignada. Agita la bandera o sopla el silbato para que los equipos suelten su ficha sobre la tira de papel al mismo tiempo.

5. Observa para ver cuál de las fichas llega abajo primero. Registra la secuencia, de la primera a la última, en una tabla como la que se presenta a continuación.

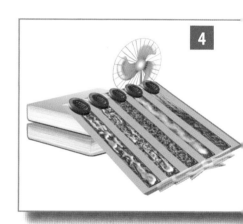

6. Los estudiantes deben experimentar con diferentes pendientes y comparar sus hallazgos. ¿La inclinación afecta la secuencia?

Secuencia de tiras	Pendiente de 45 grados
Primer lugar	Tira número _____
Segundo lugar	Tira número _____
Tercer lugar	Tira número _____
Cuarto lugar	Tira número _____
Quinto lugar	Tira número _____

Glosario

aceleración—cambio en la velocidad

erosión—desgaste de la roca o el suelo

fricción—fuerza que actúa sobre las superficies que se encuentran en contacto y las desacelera

fuerza—empuje o atracción que hace que las cosas se muevan

gravedad—fuerza mediante la que los objetos se atraen entre sí

masa—cantidad de materia en un objeto

movimiento—cambio de posición

prosperan—florecen, crecen

rapel—hacer un descenso por una pendiente con una cuerda que se suelta de manera progresiva

resistencia del aire—fuerza que disminuye la velocidad de los objetos que se desplazan a través del aire

tándem—uno atrás o a continuación de otro

trampolín—tabla con o sin resortes para echar clavados

Índice

Científicos de ayer y de hoy

Robert Goddard
(1882–1945)

Robert Goddard quería explorar el espacio. Entonces, ¡construyó cohetes! Goddard usó las leyes de Newton como apoyo. Estaba seguro de que un cohete podía llegar hasta la Luna. Goddard fue el primero en lanzar un cohete propulsado por combustible líquido, el que probó en 1926. Éste llegó hasta unos 12 metros (40 pies) de altura, a una velocidad de aproximadamente 97 kilómetros (60 millas) por hora. Goddard no vivió para ver al ser humano viajar por el espacio, pero sus ideas y cohetes ayudaron a allanar ese camino.

Steven Chu
(1948–)

De niño, a Steven Chu le gustaba construir cosas. Comenzó con los aviones y barcos a escala. Luego, ¡ahorró el dinero del almuerzo escolar para poder construir cohetes en su casa! En la escuela secundaria, construyó una máquina que medía la gravedad. Todos estos experimentos durante su niñez lo ayudarían más tarde a ganar un premio Nobel de Física. También se convirtió en el secretario de Energía del presidente Barack Obama.

Créditos de las imágenes